365 DEV
SUR LES PERSON

365 DEVINETTES
sur les personnages célèbres

Texte de Dolorès MORA
Illustrations de Marino DEGANO

ÉDITIONS LITO

TABLE

RÈGLE DU JEU

Il y a trois sortes de devinettes :

- Les devinettes **Simplissime** qui valent 2 points.
- Les devinettes **Moyennissime** qui valent 3 points.
- Les devinettes **Difficilissime** qui valent 5 points.

Cet ensemble s'appelle une série de devinettes.
Chaque joueur doit répondre à cinq séries de devinettes, c'est-à-dire à 5 x 3 = 15 devinettes différentes.
Dans chaque série, les joueurs peuvent refuser une devinette et en demander une autre. Ils utilisent alors leur *joker.* Mais attention : un seul *joker* par série !
(On peut proposer la même devinette, non résolue, à différents joueurs.)

Prenons par exemple 3 joueurs : Sarah, Colin et Barnabé. Ils doivent résoudre une première série de devinettes.

Tout d'abord, les **Simplissime.**
Sarah pose une devinette **Simplissime** à Colin.
Il trouve la réponse et marque 2 points.
Puis, Sarah pose une autre devinette **Simplissime** à Barnabé.
Il ne connaît pas la réponse mais préfère garder son *joker* pour une devinette **Moyennissime** ou **Difficilissime.** Il ne marque rien.
Enfin, Colin pose une devinette à Sarah.
Elle ne connaît pas la réponse et utilise son *joker.*
Colin lui propose une autre devinette.
Cette fois, elle connaît la réponse et marque 2 points.

Puis on passe aux devinettes **Moyennissime.**
Sarah ne connaît pas la réponse à sa devinette. Comme elle a déjà utilisé son *joker*, elle ne peut avoir une autre devinette et elle ne marque rien.

Colin ne sait pas répondre à sa devinette **Moyennissime.**
Il préfère garder son *joker* pour une **Difficilissime.**
Barnabé sait répondre à sa devinette **Moyennissime.**
Il marque 3 points.

Enfin, on passe aux devinettes **Difficilissime.**
Sarah sait répondre. Elle marque 5 points.
Colin ne sait pas répondre. Comme il a gardé son *joker*, il l'utilise. Il a une autre devinette mais ne sait pas y répondre. Il ne marque donc rien.
Barnabé ne sait pas répondre. Comme il a toujours son *joker*, il l'utilise. Il trouve la bonne réponse et il marque 5 points.

La première série de devinettes est terminée.
On continue jusqu'à la cinquième série.

A la fin du jeu, les joueurs comptent leurs points.
De 40 à 50 points, on est un :

CÉLÉBRISSIME TROUVEROS.

De 25 à 40 points, on est un :

HONNESTISSIME DEVINOS.

De 15 à 25 points, on est un :

FUTURISSIME GENIOS.

Au-dessous de 15 points, eh bien, on est un COSI COSI qui fera mieux une autre fois !

DEVINETTES SIMPLISSIME

1. Il fit constuire une tour de plus de 300 mètres de haut, qui était-ce ?

---

2. Tout petit, il est tombé dans la potion magique, qui est-ce ?

---

3. C'était le grand chef des Gaulois, qui était-ce ?

---

4. Elle écrivit *Les Mémoires d'un âne*, qui était-ce ?

---

5. Il a succédé à Valéry Giscard d'Estaing à la présidence de la République, qui est-ce ?

---

6. Il était inventeur, sculpteur, ingénieur, premier architecte de François Ier, il peignit *La Belle Ferronnière*, qui était-ce ?

---

7. En 1985, il a été champion du monde de Formule 1, qui est-ce ?

____

8. Il est chauve, il a des lunettes, il est sourd et très distrait, qui est-ce ?

____

9. C'était un grand compositeur, il écrivit *La Flûte enchantée*, qui était-ce ?

____

10. Il répandit l'usage de la pomme de terre en France, qui était-ce ?

____

11. C'est une servante vive et moqueuse, elle aime Pierrot, qui est-ce ?

____

12. Il fit construire le château de Versailles, on le surnommait « le Roi Soleil », qui était-ce ?

____

13. C'est l'ami d'une rose, il parle aux animaux et voyage de planète en planète, qui est-ce ?

____

14. En 1885, il découvrit le vaccin contre la rage, qui était-ce ?

15. Ce vieux fabricant de jouets sculpte un jour une drôle de marionnette, qui est-ce ?

---

16. Il naquit à Saint-Malo, on l'appelait « le Roi des corsaires », les Anglais le redoutaient, qui était-ce ?

---

17. C'est la gouvernante de Jane et Michaël, elle vole dans les airs, qui est-ce ?

---

18. C'était un grand savant de l'Antiquité, il s'écria « Eurêka ! » en trouvant son principe des corps flottants, qui était-ce ?

---

19. En 1987, elle a gagné « Roland-Garros », qui est-ce ?

---

20. Comme le dit une chanson populaire de la Révolution, il a trois maisons, qui est-ce ?

---

21. C'est un savant, il crée artificiellement un monstre, qui est-ce ?

22. C'était le roi des Francs, il fendit le crâne du soldat qui avait brisé le vase de Soissons, qui était-ce ?

---

23. C'était un grand général romain, il franchit le Rubicon, qui était-ce ?

---

24. En 1984, il a gagné les Tours de France et d'Italie, qui est-ce ?

---

25. Il a joué « Zorro » au cinéma, qui est-ce ?

---

26. C'est un jeune lord anglais, il a perdu ses parents dans un naufrage, il est élevé par des gorilles dans la jungle, on le surnomme « l'homme-singe », qui est-ce ?

---

27. C'est un grand mime, il a créé le personnage de « Bip », qui est-ce ?

---

28. C'était le grand chef des Apaches, qui était-ce ?

---

29. C'est un enchanteur, il vit dans la forêt de Brocéliande, au temps du roi Arthur, qui est-ce ?

---

30. Il sculpta la statue de la Liberté, qui était-ce ?

---

31. Trahi par Ganelon, il meurt à Roncevaux, qui est-ce ?

---

32. C'était un grand médecin de l'Antiquité, il rédigea un fameux serment, qui était-ce ?

---

33. D'après la Bible, il a sauvé les animaux du déluge, qui est-ce ?

---

34. Il est avalé par une grosse baleine et sort de son ventre alors qu'elle est en train de bâiller, qui est-ce ?

---

35. En 1969, il a marché sur la Lune, qui est-ce ?

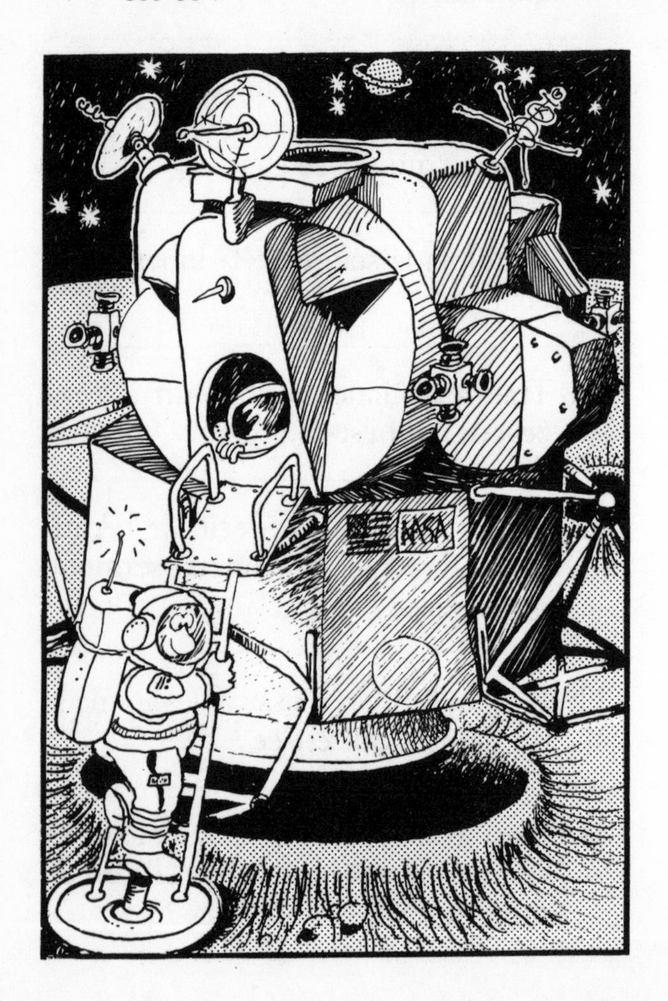

36. En 1825, il inventa un alphabet à l'usage des aveugles, qui était-ce ?

---

37. C'est un petit garçon qui fait pousser des fleurs pour empêcher le malheur de passer, qui est-ce ?

---

38. Il était luthier, il fabriqua d'extra-ordinaires violons, qui était-ce ?

---

39. Elle raconte des histoires pendant *Mille et Une Nuits*, qui est-ce ?

---

40. Il parcourt les mers à bord du « Nautilus », qui est-ce ?

---

41. En 1984, il eut le César du meilleur acteur pour *Tchao Pantin*, qui était-ce ?

---

42. Il était peintre, il jouait aussi du violon, qui était-ce ?

---

43. C'est un ancien forçat, il recueille une pauvre orpheline, qui est-ce ?

---

44. Il ne veut pas grandir, il vit dans les jardins de Kensington, qui est-ce ?

---

45. En 1884, ce préfet de Paris obligea les Parisiens à déposer leurs ordures dans des récipients, qui était-ce ?

---

46. Elle vit dans la montagne auprès de son grand-père et garde les chèvres avec son ami Peter, qui est-ce ?

---

47. C'était un imprimeur allemand, il perfectionna l'imprimerie en utilisant des lettres mobiles et imprima la Bible « à 42 lignes », qui était-ce ?

---

48. Une chanson dit que ce roi « a mis sa culotte à l'envers », qui était-ce ?

---

49. Elle a joué *Peau d'âne* au cinéma, qui est-ce ?

---

50. Il rendit l'école « publique, laïque et obligatoire », qui était-ce ?

---

51. C'était l'homme de confiance de Colbert, il écrivit les *Contes de ma mère l'Oye*, qui était-ce ?

---

52. C'est un jeune aristocrate ; la nuit, il devient un justicier vêtu de noir qui défend les opprimés, qui est-ce ?

---

53. Il fut trouvé par la fille du pharaon dans un berceau qui flottait sur le Nil, qui était-ce ?

---

54. C'est la fiancée de Popeye, qui est-ce ?

---

55. Cet ancien maître d'école fou assassina un roi de France en 1610, qui était-ce ?

---

56. Il veut capturer Moby Dick, la grosse baleine blanche, qui est-ce ?

---

57. Il fut le héros des *Aventures de Rabbi Jacob*, qui était-ce ?

---

58. C'est un grand détective anglais, il joue du violon et résout les énigmes par déduction, qui est-ce ?

---

59. Il a été capitaine de l'équipe de France de football, il a marqué 354 buts dans sa carrière, qu'il a arrêtée en 1987, qui est-ce ?

---

60. Il était roi des Francs et empereur d'Occident, on l'appelait l'« Empereur à la barbe fleurie », qui était-ce ?

---

61. Sans famille, il court les routes en compagnie de son ami Vitalis, qui est-ce ?

---

62. En 1909, il traversa la Manche en aéroplane, qui était-ce ?

63. Il lança un « Appel à tous les Français », le 18 juin 1940, qui était-ce ?

---

64. C'est un cow-boy solitaire, il tire plus vite que son ombre, qui est-ce ?

---

65. Il était capitaine ; en 1792, il écrivit les paroles de *La Marseillaise*, qui était-ce ?

---

66. Il fait un merveilleux voyage en compagnie d'oies sauvages, qui est-ce ?

---

67. C'était un inventeur français, il expérimenta la force de la vapeur d'eau, qui était-ce ?

---

68. Il fut arrêté à Varennes, tandis qu'il fuyait les révolutionnaires, qui était-ce ?

---

69. C'était un grand philosophe chinois, il vécut il y a environ 2 500 ans, qui était-ce ?

---

70. C'était la mère de Charlemagne, elle avait sûrement un pied plus grand que l'autre, qui était-ce ?

---

71. En 732, il vainquit les Arabes à Poitiers, qui était-ce ?

---

72. On l'a surnommé *le Fou chantant* ; il chante *La Mer, Le Jardin extraordinaire,* qui est-ce ?

---

73. C'est le champion olympique le plus titré ; il a obtenu 9 médailles d'or aux Jeux olympiques de 1968 et de 1972, qui est-ce ?

---

74. Elles parlent aux animaux de la ferme qui les aident à faire leurs devoirs, qui sont-elles ?

---

75. Il fut l'auteur de plus de 1 300 inventions, dont le phonographe et la poupée qui parle, qui était-ce ?

---

76. Grâce à une formule magique, il ouvre la porte de la caverne où quarante voleurs cachent leur butin, qui est-ce ?

---

77. C'était un grand égyptologue, il fut le premier à déchiffrer les hiéroglyphes égyptiens, qui était-ce ?

---

78. C'était un poète, il inventa lui aussi le phonographe mais, trop pauvre, ne put le mettre au point ; un grand prix du disque porte son nom, qui était-ce ?

---

79. Il est chirurgien de marine, il voyage tantôt chez des êtres minuscules, à Lilliput, tantôt chez des géants, à Brobdingnag, qui est-ce ?

---

80. C'était un grand trappeur du Tennessee, il contribua par ses exploits à pacifier son pays, qui était-ce ?

---

81. Il a été président de la République entre 1974 et 1981, qui est-ce ?

---

82. C'était un empereur romain ; il créa un impôt sur les urinoirs, qui était-ce ?

---

83. Elle suit un lapin blanc dans une galerie souterraine et rencontre la reine de Cœur, qui est-ce ?

---

84 . On l'appelait le « Béarnais », il fut roi de Navarre et roi de France, il voulait que chacun puisse mettre la poule au pot le dimanche, qui était-ce ?

---

85. Il était roi de Babylone, il édifia les jardins suspendus, l'une des Sept Merveilles du monde, qui était-ce ?

---

86. Il joua dans *La Vache et le prisonnier*, *Le Petit Monde de Don Camillo*, *Ali-Baba*, qui était-ce ?

---

87. Ce riche Anglais flegmatique fait le tour du monde en quatre-vingts jours, qui est-ce ?

---

88. Lors d'un banquet royal, on suspendit une épée au-dessus de sa tête, qui était-ce ?

---

89. C'était un navigateur génois, il découvrit l'Amérique en croyant découvrir les Indes, qui était-ce ?

---

90. Il a joué le rôle de la « Bête » au cinéma, qui est-ce ?

---

91. En 1837, il inventa un code utilisant un alphabet fait de points et de traits, qui était-ce ?

---

92. Il est élevé par des loups, c'est l'ami de Bagheera et de Baloo, il devient le maître de la jungle, qui est-ce ?

---

93. Il a remporté la course transatlantique en solitaire, en 1964 et en 1976, qui est-ce ?

---

94. Il fonda l'« Illustre Théâtre » avec Madeleine Béjart, il se moqua des petits bourgeois, de la noblesse et du clergé, qui était-ce ?

---

95. Ce physicien est considéré comme le plus grand savant du XXe siècle, il élabora la théorie de la relativité du temps et de l'espace, qui était-ce ?

---

96. Il a un grand nez, c'est le héros d'une pièce d'Edmond Rostand, qui est-ce ?

---

97. Il a écrit les paroles du *Chant des partisans*, avec son oncle, Joseph Kessel, qui est-ce ?

---

98. Il naquit à Chalon-sur-Saône, il était physicien, il inventa la photographie, qui était-ce ?

---

99. A bord de l'« Hispaniola », ce jeune garçon se dirige vers l'île au trésor, qui est-ce ?

---

100. En 1876, il inventa le téléphone, qui était-ce ?

---

101. En 1890, il réussit à quitter le sol à bord de l'« Éole », qui était-ce ?

---

102. Il organisa la Révolution d'octobre 1917 en Russie et fut le premier chef de l'État soviétique, qui était-ce ?

---

103. Il a créé les Schtroumpfs, qui est-ce ?

---

104. C'était un psychiatre autrichien, il fut le père de la psychanalyse, qui était-ce ?

---

105. En 1983, il a gagné « Roland-Garros », qui est-ce ?

106. En 1608, il fonda Québec et persuada Louis XIII de créer une colonie en Nouvelle-France, qui était-ce ?

---

107. C'était un grand auteur dramatique, il écrivit une seule comédie, *Les Plaideurs*, qui était-ce ?

---

108. La légende de Tristan et Iseult lui inspira un opéra, qui était-ce ?

---

109. C'était le fondateur de *L'Ami du peuple*, il mourut assassiné dans sa baignoire, qui était-ce ?

---

110. C'était un marquis français, il participa à la guerre de l'Indépendance en Amérique, qui était-ce ?

---

111. Il organisa une révolte d'esclaves contre Rome, qui était-ce ?

---

112. Il était vénitien, il parcourut l'Asie et fit le récit de ses voyages dans *Le Livre des merveilles du monde*, qui était-ce ?

---

113. C'est le grand explorateur du Groenland et de la terre Adélie, qui est-ce ?

---

114. C'était un homme politique et un écrivain, il constitua le gouvernement du Front populaire en 1936, qui était-ce ?

---

115. C'était un philosophe et un mathématicien grec, il inventa la table de multiplication, qui était-ce ?

---

116. En 1963, elle a été la première femme de l'Espace, qui est-ce ?

---

117. Il était physicien et astronome, il affirma que la Terre tournait autour du Soleil, qui était-ce ?

---

118. En 1961, il tourna autour de la Terre, à bord de Vostok 1, qui était-ce ?

---

119. C'est un fameux vampire, qui est-ce ?

---

120. Il fonda la plus grande fabrique de dessins animés du monde, qui était-ce ?

DEVINETTES **MOYENNISSIME**

1. Ce chirurgien d'Afrique du Sud a réussi la première transplantation cardiaque en 1967, qui est-ce ?

---

2. C'était un grand homme d'État et un savant, il inventa le paratonnerre en 1752, qui était-ce ?

---

3. C'était le père d'un illustre compositeur, on lui attribue *La Symphonie des jouets,* qui était-ce ?

---

4. Il pilotait l'hydravion « Croix-du-Sud », il créa la première ligne de l'Aéropostale, qui était-ce ?

---

5. C'est un athlète américain ; il a obtenu le plus grand nombre de médailles d'or aux Jeux olympiques de 1984, qui est-ce ?

---

6. Il sculpta un « Penseur » qu'on peut voir dans la cour d'honneur d'un certain musée, qui était-ce ?

---

7. Il écrivit des musiques pour les ballets de Diaghilev, qui était-ce ?

---

8. Il fit de la prestidigitation un art véritable et créa le « Théâtre des soirées fantastiques », qui était-ce ?

---

9. Il était astronome, il donna son nom à la comète qu'il avait découverte, qui était-ce ?

---

10. Il fonda *L'Humanité* en 1904 ; il défendit les opprimés et fut assassiné à la veille de la Première Guerre mondiale, qui était-ce ?

---

11. Il découvrit la dynamite et fonda un prix destiné à récompenser ceux qui auraient apporté le plus de bienfaits à l'humanité, qui était-ce ?

---

12. Il naquit à La Nouvelle-Orléans, c'était un grand trompettiste de jazz, qui était-ce ?

13. D'abord, il fut barbier ; ensuite, il fut chirurgien personnel des rois de France, qui était-ce ?

---

14. Ce poète décrivit l'enterrement d'une feuille morte, qui était-ce ?

---

15. Ils inventèrent le cinématographe ; leur premier film montrait l'entrée d'un train dans la gare de La Ciotat, qui était-ce ?

---

16. Il étudia les régions polaires et mourut en mer sur le « Pourquoi-Pas ? », qui était-ce ?

---

17. Il brûla ses meubles et son plancher pour chauffer ses fours d'émaillage, qui était-ce ?

---

18. Il fonda l'ordre des Franciscains ; il aimait tellement les animaux qu'il les appelait « mon frère le loup », « ma sœur l'araignée », qui était-ce ?

---

19. Il a été champion du monde de Formule 1 en 1975, 1977, 1984, qui est-ce ?

20. C'était le fils d'un meunier italien, il composa de la musique instrumentale à la cour de Louis XIV ; un jour, il se blessa au pied avec sa canne de chef d'orchestre et il mourut de la gangrène, qui était-ce ?

---

21. Il était mathématicien ; en voyant tomber une pomme, il trouva la théorie de l'attraction universelle, qui était-ce ?

---

22. Il conduisit une « Longue marche » avec ses partisans et fonda la Chine communiste qu'il gouverna jusqu'à sa mort, qui était-ce ?

---

23. C'est un magicien ; il lance Bilbo le Hobbit dans de surprenantes aventures, qui est-ce ?

---

24. Il fut l'élève de Mozart et de Haydn ; le finale de sa *Neuvième Symphonie*, l'« Ode à la joie », est devenu l'hymne de l'Europe, qui était-ce ?

---

25. Il fut le caudillo en Espagne de 1938 à 1975, qui était-ce ?

---

26. Il est belge, il a remporté le Tour de France cycliste en 1969, 1970, 1971, 1972, 1974, qui est-ce ?

---

27. Il fonda le premier grand hospice pour aveugles, les « Quinze-Vingts », et mourut de la peste devant Tunis, qui était-ce ?

---

28. En 1965, il a été champion du monde de patinage artistique, qui est-ce ?

---

29. Il rédigea le Code civil, il créa la Légion d'honneur et les lycées, qui était-ce ?

---

30. Il était architecte, il réalisa la place des Victoires et la place Vendôme, qui était-ce ?

---

31. En 1987, il a été le grand vainqueur de Wimbledon, qui est-ce ?

---

32. L'une de ses devises était « Pour ce que rire est le propre de l'homme » ; il signait parfois ses œuvres « Alcofribas Nasier », qui était-ce ?

---

33. C'est le premier Français de l'Espace ; en 1982, il a atteint, comme copilote, une station Saliout 7 à bord d'un Soyouz, qui est-ce ?

---

34. Il échappe au cyclope et résiste au chant des sirènes, qui est-ce ?

---

35. Il remporta sur les Français la victoire navale de Trafalgar, où il fut tué, qui était-ce ?

---

36. C'est un policier belge, il résout les énigmes en faisant travailler ses cellules grises, qui est-ce ?

---

37. Il joua dans de nombreux westerns, comme *Alamo*, *La Chevauchée fantastique*, qui était-ce ?

38. Il était français, il inventa le tango argentin, qui était-ce ?

---

39. C'était un philosophe cynique, il habitait dans un tonneau, qui était-ce ?

---

40. Elle a joué dans *La Reine Christine*, on l'a surnommée la « Divine », qui est-ce ?

---

41. Il était président des États-Unis, il abolit l'esclavage et fut assassiné par un esclavagiste, qui était-ce ?

---

42. Il est né à Lyon, il a pour compère Gnafron, qui est-ce ?

---

43. Il était prestidigitateur, illusionniste, il devint l'un des premiers metteurs en scène de cinéma du monde, qui était-ce ?

---

44. Il fit construire l'Opéra de Paris, qui était-ce ?

---

45. Il fit renaître les Jeux olympiques en 1896, qui était-ce ?

---

46. C'était un bactériologiste anglais, il découvrit la pénicilline, qui était-ce ?

---

47. Livré aux bêtes dans le cirque, il fut épargné par un lion, à qui il avait jadis retiré une épine, qui était-ce ?

---

48. Il s'est consacré à l'étude des animaux et a obtenu le prix Nobel de médecine en 1973, qui est-ce ?

---

49. Il était pasteur, théologien, musicologue et médecin ; il fonda l'hôpital de Lambaréné au Gabon, qui était-ce ?

---

50. Il a renouvelé l'architecture, il a réalisé la « Cité radieuse » et la chapelle de Ronchamp, qui était-ce ?

---

51. Il écrasa l'insurrection de la Commune, qui était-ce ?

---

52. C'était un homme d'État français d'origine italienne ; il protégea les lettres et les arts et constitua une bibliothèque qu'il ouvrit au public, qui était-ce ?

---

53. C'était le roi de l'opérette ; Wagner l'appelait le « petit Mozart des Champs-Élysées », qui était-ce ?

---

54. Il écrivit *Colomba* ; il fit faire une fameuse dictée à Napoléon III et à l'impératrice Eugénie pour leur montrer que l'orthographe ne vient pas en naissant, qui était-ce ?

---

55. Il dessina les jardins à la française qui entourent le château de Versailles, qui était-ce ?

---

56. En 1871, il écrivit l'hymne des prolétaires de tous les pays, *L'Internationale*, qui était-ce ?

---

57. Au cinéma, il fut « Fanfan la tulipe » ; au théâtre, il triompha avec Jean Vilar, qui était-ce ?

---

58. En 1951, il a succédé à Léopold III, roi des Belges, qui est-ce ?

---

59. Après une fameuse danse, elle exigea qu'on lui apporte en récompense la tête de Jean-Baptiste sur un plateau, qui était-ce ?

---

60. Il était pasteur, professeur de mathématiques, il improvisa une histoire merveilleuse pour une petite fille, qui était-ce ?

---

61. C'était le grand chef des armées carthaginoises, il combattit les Romains, qui était-ce ?

---

62. Il fonda la Cinémathèque française, qui était-ce ?

---

63. Il découvrit le bacille du choléra et de la tuberculose, qui était-ce ?

---

64. En 1863, il fonda la Croix-Rouge pour soulager les souffrances humaines, qui était-ce ?

---

65. Dans ce drame d'Alphonse Daudet, on parle toujours d'elle mais on ne la voit jamais, qui est-ce ?

---

66. Il a succédé au Caudillo à la tête de l'État espagnol, qui est-ce ?

---

67. Il évoqua « une fourmi de dix-huit mètres » dans ses *Chantefables*, qui était-ce ?

---

68. Il est jockey, il s'est retiré de la compétition en 1987, qui est-ce ?

---

69. En 1950, il a vaincu l'Annapurna, dans l'Himalaya, qui est-ce ?

70. On l'appelait le « Duce », il établit le fascisme en Italie, qui était-ce ?

---

71. C'est une fée, elle élève Lancelot du Lac et enferme Merlin l'Enchanteur dans un cercle magique, qui est-ce ?

---

72. C'est un grand cinéaste italien, il a connu le succès avec *La Strada* en 1954, qui est-ce ?

---

73. Ce roi imposa la langue française pour la rédaction des textes officiels, il créa l'état civil, le Collège de France et l'Imprimerie nationale, qui était-ce ?

---

74. Dans un accès de folie, il tue sa femme et ses enfants ; les dieux le condamnent à effectuer douze travaux, qui est-ce ?

---

75. C'était un grand maître du suspense ; dans ses films, au moment où l'intrigue se nouait, il se montrait brièvement, qui était-ce ?

---

76. C'est un gamin de Paris ; il meurt en chantant sur une barricade, qui est-ce ?

---

77. Il prêcha sa religion dans la vallée du Gange, qui était-ce ?

---

78. Il peignit un tableau colossal, *Le Radeau de la Méduse*, et mourut à 33 ans d'une chute de cheval, qui était-ce ?

---

79. En 1876, en cherchant un moyen d'aider les sourds à entendre, il inventa le téléphone, qui était-ce ?

---

80. C'était un grand entomologiste, on l'a surnommé l'« Homère des insectes », qui était-ce ?

---

81. Il caricaturait les faiblesses humaines à travers ses animaux, qui était-ce ?

---

82. Ils recueillirent dans les campagnes des contes populaires allemands, qui étaient-ils ?

---

83. Il peignit des figures composées de fleurs et de fruits, de coquillages et de poissons, qui était-ce ?

---

84. Ce fut l'un des plus grands boxeurs de tous les temps, qui était-ce ?

---

85. Il était astrologue ; il se rendit célèbre par ses prédictions, qui était-ce ?

---

86. C'était le fils d'un cordonnier danois, il écrivit *Le Petit Claus et le Grand Claus*, qui était-ce ?

---

87. Il effectua le premier vol sans escale de New York à Paris, sur le « Spirit of Saint-Louis », qui était-ce ?

---

88. On le surnommait le « Mahatma », c'était l'apôtre de la non-violence, qui était-ce ?

---

89. C'était un linguiste et un ophtalmologiste polonais ; en 1887, il inventa une langue internationale, l'espéranto, qui était-ce ?

---

90. Il effectua un tour du monde en solitaire sur le trimaran « Manureva », qui était-ce ?

---

91. Il fut Premier ministre du général de Gaulle puis président de la République, qui était-ce ?

---

92. C'était un bourgeois de Calais, il résista aux Anglais pendant la guerre de Cent Ans ; un sculpteur l'a immortalisé, qui était-ce ?

---

93. C'était un écrivain tchèque, il créa le mot « robot » en 1920, qui était-ce ?

---

94. Dans ce film de François Truffaut, il fait « les 400 coups », qui est-ce ?

---

95. Il était physicien ; en 1948, il inventa le bathyscaphe, qui était-ce ?

---

96. Il était architecte, il construisit les Halles de Paris en 1854, qui était-ce ?

---

97. Grâce à son fil, Thésée put sortir du Labyrinthe après avoir tué le Minotaure, qui était-ce ?

---

98. C'était un très grand danseur russe ; lui seul savait faire l'« entrechat dix », qui était-ce ?

---

99. C'était une reine très impopulaire, elle était frivole et dépensière, on la surnommait l'« Autrichienne », qui était-ce ?

---

100. Il était connétable de France ; il combattit le Prince Noir et les Anglais, qui était-ce ?

---

101. Cet archer infaillible est l'ami des pauvres ; il vit dans la forêt de Sherwood, qui est-ce ?

---

102. Il a joué les rôles de Danton et de Martin Guerre au cinéma, qui est-ce ?

---

103. Il a effectué des expériences de vie sous-marine à bord de la « Calypso », il a tourné *Le Monde du silence*, qui est-ce ?

---

104. Elle avait le nom d'un moineau de Paris, elle chantait « La Vie en rose », qui était-ce ?

---

105. Il composa la musique de l'opérette, *La Fille de madame Angot*, qui était-ce ?

---

106. Ils étaient fabricants de papier ; en 1783, ils réalisèrent le premier aérostat, qui étaient-ils ?

---

107. Il fut assassiné à Sarajevo, juste avant la Première Guerre mondiale, qui était-ce ?

---

108. C'était le conquérant des steppes, il fonda le premier empire mongol, qui était-ce ?

---

109. Sous François Ier, il planta une croix sur laquelle était écrit « Vive le roi de France », pour prendre possession du Canada, qui était-ce ?

---

110. C'était l'ami de Zola, il a souvent peint la *Montagne Sainte-Victoire*, qui était-ce ?

---

111. En 1804, il inventa à Lyon un métier à tisser les étoffes brochées, qui était-ce ?

---

112. On l'appelait la « Bonne Dame de Nohant », elle écrivit des romans champêtres, qui était-ce ?

---

113. C'était un médecin italien ; vers 1780, il produisit le premier courant électrique, qui était-ce ?

---

114. Il créa le personnage du père Ubu, qui était-ce ?

---

115. Il a fondé le « Ballet du XXe siècle », qui est-ce ?

---

116. Il était philosophe, il doutait de tout sauf de l'existence de la pensée, qui était-ce ?

---

117. Lorsqu'il fut à la retraite, il peignit des paysages exotiques, qui était-ce ?

---

118. C'était un naturaliste anglais, il élabora une théorie sur l'évolution des êtres vivants, qui était-ce ?

---

119. Il gouverna l'Allemagne en dictateur et déclencha la Seconde Guerre mondiale, qui était-ce ?

---

120. Ce fut le premier poète de langue italienne, il dédia son œuvre à Béatrice, qui était-ce ?

---

1. En 1900, il construisit la première ligne du métro parisien, reliant la porte Maillot à la porte de Vincennes, qui était-ce ?

---

2. En 1836, il mit au point le revolver, qui était-ce ?

---

3. Il était facteur, il construisit pendant trente-trois ans un « Palais idéal » insolite, à Hauterives, dans la Drôme, qui était-ce ?

---

4. Gargamelle, la femme de Grandgousier, eut un enfant phénoménal qu'il fallut allaiter à l'aide de 17 913 vaches, qui était-ce ?

---

5. Il était français, d'origine russe, il fit des peintures colorées et pleines de fantaisie, peuplées d'ânes, de mariées et de violonistes, il peignit aussi le plafond de l'Opéra de Paris, qui était-ce ?

---

6. C'était un célèbre chansonnier du XIXe siècle, certains de ses couplets lui valurent la prison, qui était-ce ?

---

7. Il avait l'accent gouailleur de Ménilmontant, il chantait « Prosper », qui était-ce ?

---

8. Il était écossais, il inventa le pneumatique, qui était-ce ?

---

9. Avant d'être roi d'Angleterre, il combattit son frère, Richard Cœur de Lion, qui était-ce ?

---

10. Elle écrivit les *Mémoires d'Hadrien* ; en 1981, elle devint la première femme académicien, qui était-ce ?

---

11. Ce navigateur voyagea autour du monde ; un joli arbrisseau porte son nom, qui était-ce ?

---

12. Il applique à la composition musicale la méthode du calcul des probabilités, qui est-ce ?

---

13. Pour l'amour de Marguerite, il signe un pacte avec le diable, qui est-ce ?

---

14. Il était suisse, il sculpta des bronzes filiformes, qui était-ce ?

---

15. En 1631, il fonda le premier journal, *La Gazette de France*, qui était-ce ?

---

16. En 1815, il inventa le stéthoscope, qui était-ce ?

---

17. C'était un philosophe grec ; il pratiquait l'art d'« accoucher les esprits », il ne publia aucun ouvrage, il mourut en buvant la ciguë, qui était-ce ?

---

18. Elle a été trois fois championne de France de saut d'obstacles en équitation, qui est-ce ?

---

19. C'était un célèbre ténor italien, qui était-ce ?

---

20. Il était coutelier ; en 1844, il inventa une machine à couper le papier, qui était-ce ?

---

21. En 1914, il mobilisa les taxis parisiens pour transporter des renforts sur le front de la Marne, qui était-ce ?

---

22. Il a remporté la Palme d'or à Cannes en 1987 pour son film *Sous le soleil de Satan*, qui est-ce ?

---

23. En 1834, il inventa un chapeau mécanique, qui était-ce ?

---

24. C'était le ministre de Louis XIII ; en 1635, il fonda l'Académie française, qui était-ce ?

---

25. Il était statisticien, rédacteur de *L'Almanach du commerce* qui ensuite prit son nom, qui était-ce ?

---

26. En 1984, il a gagné le Tour de France cycliste, qui est-ce ?

---

27. Comme il ne voulait pas quitter sa table de jeu, son cuisinier créa pour lui une nouvelle façon de manger, en 1762, qui était-ce ?

---

28. C'était le peintre officiel du jardin des Plantes, il fit de délicates peintures de fleurs, qui était-ce ?

---

29. Il s'habillait en femme et signait « la Chevalière », qui était-ce ?

---

30. Il fixa les dunes de sable des Landes en plantant des pins maritimes, qui était-ce ?

---

31. Il était pape, il a régné seulement trente-trois jours, en 1978, qui était-ce ?

---

32. Il était directeur des Postes et décida de publier le premier timbre-poste français, en 1849, qui était-ce ?

---

33. Il écrivit *Le Dernier des Mohicans*, qui était-ce ?

---

34. Il a filmé les animaux des îles Galapagos, qui est-ce ?

---

35. Elle lança une liqueur à la cour de Versailles, qui était-ce ?

---

36. Il a été naufragé volontaire à bord de son canot pneumatique, sans eau ni vivres, qui est-ce ?

---

37. Il fut le grand interprète de Pagnol, qui était-ce ?

---

38. Elle fonda en Angleterre le corps des infirmières militaires, qui était-ce ?

---

39. Il symbolise la résistance hollandaise contre les Espagnols, qui est-ce ?

---

40. En 1907, ses *Demoiselles d'Avignon* marquèrent la naissance du cubisme, qui était-ce ?

---

41. Il découvrit la terre Adélie en 1840, qui était-ce ?

---

42. Elle rédigea une *Déclaration des droits de la femme et de la citoyenne*, qui était-ce ?

---

43. Il fit de la caricature une œuvre d'art, qui était-ce ?

---

44. Il découvrit la loi de la dilatation des gaz et des vapeurs, qui était-ce ?

---

45. C'était un mathématicien ; il fonda l'École polytechnique, qui était-ce ?

---

46. En 1976, elle obtint le César de la meilleure actrice pour *L'Important, c'est d'aimer*, qui était-ce ?

---

47. En 1972, il a été le plus jeune champion du monde de Formule 1, à moins de 26 ans, qui est-ce ?

---

48. Il était cinéaste et écrivain ; un prix portant son nom couronne chaque année un film français, qui était-ce ?

---

49. Il était écrivain et ministre des Affaires culturelles, qui était-ce ?

---

50. C'était un mécène de la Renaissance italienne, il encouragea les arts et protégea les artistes, qui était-ce ?

---

51. Au XVIIIe siècle, il réalisa d'extraordinaires automates, qui était-ce ?

---

52. Il était photographe, dessinateur, aéronaute et écrivain ; il photographia les célébrités de son époque, qui était-ce ?

---

53. Il était amiral ; il mit au point en 1806 une échelle cotée de 0 à 12 pour mesurer la force du vent, qui était-ce ?

---

54. Il était grec, savant et philosophe, il élabora les premiers théorèmes de géométrie plane, qui était-ce ?

---

55. Elle censure les écrits et les spectacles, qui est-ce ?

---

56. Il mit au point le procédé de la conservation des aliments par chauffage en vase clos, qui était-ce ?

---

57. C'était un savant italien, il inventa le baromètre à mercure, qui était-ce ?

---

58. Elle a gagné la Coupe du monde de ski, en 1970, qui est-ce ?

---

59. Il était ingénieur, poète, architecte, sculpteur, peintre, il décora la chapelle Sixtine de plus de 300 personnages, qui était-ce ?

---

60. Il a été créé en 1717 par Antoine Watteau, il fait le pitre dans les carnavals du Nord, qui est-ce ?

---

61. Il fonda la République communiste du Nord Viêt-nam, qu'il gouverna jusqu'à sa mort, qui était-ce ?

---

62. Il a joué dans *La Cage aux folles*, *Mortelle randonnée*, *Les Fantômes du chapelier*, qui est-ce ?

---

63. Il était flamand, il a peint les démons de l'Enfer et les jardins du Paradis, qui était-ce ?

---

64. C'est un criminel génial, on l'appelle le « Maître du crime », qui est-ce ?

---

65. Il est argentin, il a remporté cinq fois le titre de champion du monde de Formule 1, en 1951, 1954, 1955, 1956, 1957, qui est-ce ?

---

66. Elle a gagné le premier Tour de France cycliste dames, en 1984, qui est-ce ?

---

67. Il fut le créateur de l'opéra avec *Orfeo*, qui était-ce ?

---

68. Il était naturaliste, il fonda la ménagerie du jardin des Plantes, qui était-ce ?

---

69. Ils étaient trois frères, ils peignaient la vie des paysans au XVIIIe siècle, leurs tableaux semblaient si vivants qu'on les a appelés les « peintres de la réalité », qui étaient-ils ?

---

70. Il a sauté à moto d'une falaise haute de plus de 350 mètres, qui est-ce ?

---

71. Il unifia l'Allemagne, on le surnommait le « Chancelier de fer », qui était-ce ?

---

72. En 1981, son film, *Le Dernier métro*, reçut 10 Césars, qui était-ce ?

---

73. Il a été le plus jeune Premier ministre, nommé en 1984 à 38 ans, qui est-ce ?

---

74. Il est brésilien, il a été trois fois vainqueur de la Coupe du monde de football, qui est-ce ?

75. Il succéda à Lénine à la tête de l'Union soviétique, qui était-ce ?

---

76. En 1801, il inventa le métier à tisser automatique, qui était-ce ?

---

77. Il fit construire le Parthénon ; sous son règne, Athènes connut son âge d'or, qui était-ce ?

---

78. Il mène l'enquête pour élucider *Le Mystère de la chambre jaune*, qui est-ce ?

---

79. Il était ingénieur du roi ; il édifia les citadelles de Besançon et de Briançon, qui était-ce ?

---

80. C'était un botaniste suédois ; il donna des noms latins aux plantes et aux animaux, qui était-ce ?

---

81. C'était une grande actrice ; Victor Hugo disait qu'elle avait une « voix d'or », qui était-ce ?

---

82. Il gouverna la Grande-Bretagne pendant la Seconde Guerre mondiale, qui était-ce ?

---

83. C'était le grand calife de Bagdad, qui était-ce ?

---

84. C'était un homme politique et un philosophe italien ; il exposa sa doctrine politique cynique dans *Le Prince*, qui était-ce ?

---

85. Il était moine, chimiste et physicien ; en 1688, il inventa le champagne, qui était-ce ?

---

86. Il était archevêque de la cathédrale de Canterbury, où Henri II d'Angleterre le fit assassiner, qui était-ce ?

---

87. C'était un ébéniste anglais, il donna son nom à un style de meubles rococo, qui était-ce ?

---

88. En 1873, il conçut le « jean » à l'intention des pionniers de l'Ouest ; il le tailla dans une toile bleue qui venait de Nîmes, d'où le nom de « denim », qui était-ce ?

---

89. Le cinéaste Andrei Tarkovski consacra un film à ce peintre connu pour ses célèbres icônes, qui était-ce ?

---

90. En 1878, il fonda l'« Armée du Salut », qui était-ce ?

---

91. Il a joué le mime Deburau dans *Les Enfants du paradis*, qui est-ce ?

---

92. Il succéda à Gaston Doumergue à la présidence de la République et mourut assassiné après onze mois de pouvoir, qui était-ce ?

---

93. C'était un grand chef viking, il découvrit le Groenland, qui était-ce ?

94. C'était un sculpteur américain, il réalisa des sculptures dans l'espace, les « mobiles », qui était-ce ?

---

95. C'est la première femme présidente de la République, elle a été élue en 1980 en Islande, qui est-ce ?

---

96. Il organisa en 1825 un bureau qui recevait les nouvelles des capitales européennes par pigeons voyageurs, qui était-ce ?

---

97. Il était naturaliste, il fut le premier à reconstituer un animal préhistorique, qui était-ce ?

---

98. L'auteur des *Entretiens sur la pluralité des mondes* vécut centenaire, qui était-ce ?

---

99. C'était un explorateur écossais ; il voyagea en Afrique et rechercha les sources du Nil, qui était-ce ?

100. Il était couturier à Paris ; en organisant les premiers défilés de mode en 1858, il fonda la haute couture, qui était-ce ?

---

101. En 1927, elle pénétra dans Lhassa, la ville sainte interdite du Tibet, qui était-ce ?

---

102. Il peignit *La Fée Électricité* à l'occasion de l'Exposition internationale de 1937 à Paris, qui était-ce ?

---

103. C'est un jockey, il a été champion olympique en 1952 et 1964, qui est-ce ?

---

104. Cette aviatrice franchit l'Atlantique Sud et fut la première femme commandeur de la Légion d'honneur à titre militaire, qui était-ce ?

---

105. Son œuvre *Impression, soleil levant* donna son nom au mouvement impressionniste, qui était-ce ?

---

106. Il fournissait des chaussures à l'armée, qui était-ce ?

---

107. C'était le cuisinier de Louis XIV, il se transperça de son épée parce que le poisson qu'il avait commandé n'était pas arrivé, qui était-ce ?

---

108. C'était un capitaine anglais ; il découvrit les îles Sandwich où il périt, qui était-ce ?

---

109. Cet ethnologue norvégien fit la traversée sur le radeau « Kon-Tiki » des côtes du Pérou à la Polynésie en 1948, qui est-ce ?

---

110. On le surnommait « Claude de France », il chercha à dégager la musique française du romantisme allemand, qui était-ce ?

---

111. En 1783, il effectua la première ascension en ballon captif et fut deux ans plus tard l'une des premières victimes de l'air, qui était-ce ?

---

112. Sous sa conduite, les esclaves noirs de Haïti se révoltèrent contre les colons français, qui était-ce ?

---

113. Elle était comédienne ; elle fut aussi la première femme à passer son brevet de pilote de dirigeable, qui était-ce ?

---

114. C'était un physicien français, il découvrit la radioactivité, qui était-ce ?

---

115. Ce chimiste russe établit la liste des éléments chimiques qui constituent la matière, qui était-ce ?

---

116. Il était capitaine chez les mousquetaires de Louis XIV ; Alexandre Dumas en fit son héros, qui était-ce ?

117. Il périt dans un accident d'avion et fut fait maréchal de France à titre posthume, qui était-ce ?

---

118. C'était une grande danseuse russe ; elle fut célèbre pour son interprétation de *La Mort du cygne*, qu'elle dansa seule sur une musique de Saint-Saëns, qui était-ce ?

---

119. Il fut appelé à l'Académie française dès sa fondation et fixa le bon usage de la langue française, qui était-ce ?

---

120. C'était un architecte et le médecin du roi Djoser ; il construisit la première pyramide, qui était-ce ?

---

121. Il était moine, il découvrit les lois de l'hérédité, qui était-ce ?

---

122. Il était grec, ce fut l'un des plus grands penseurs de l'Antiquité, il fut le précepteur d'Alexandre le Grand, qui était-ce ?

---

123. C'était une vedette de music-hall noire américaine ; en 1975, ses obsèques à La Madeleine furent un événement national, qui était-ce ?

---

124. Elle écrivit sur les chats, elle écrivit aussi le texte du conte musical de Maurice Ravel, *L'Enfant et les sortilèges*, qui était-ce ?

---

125. C'était un physicien italien ; il inventa une pile électrique, qui était-ce ?

RÉPONSES DES DEVINETTES
SIMPLISSIME

1. Gustave Eiffel (1832-1923).
2. Obélix.
3. Vercingétorix (v. 72-46 av. J.-C.).
4. La comtesse de Ségur (1799-1874).
5. François Mitterrand.
6. Léonard de Vinci (1452-1519).
7. Alain Prost.
8. Le professeur Tournesol.
9. Wolfgang Amadeus Mozart (1756-1791).
10. Antoine Parmentier (1737-1813).
11. Colombine.
12. Louis XIV (1638-1715).
13. Le Petit Prince.
14. Louis Pasteur (1822-1895).
15. Gepetto.
16. Robert Surcouf (1773-1827).
17. Mary Poppins.
18. Archimède (287-212 av. J.-C.).
19. Steffi Graf.
20. Cadet Rousselle.
21. Le docteur Frankenstein.
22. Clovis (v. 465-511).
23. Jules César (101-44 av. J.-C.).
24. Bernard Hinault.

25. Alain Delon.
26. Tarzan.
27. Marcel Marceau.
28. Cochise.
29. Merlin.
30. Frédéric Bartholdi (1834-1904).
31. Roland.
32. Hippocrate (v. 460-377 av. J.-C.).
33. Noé.
34. Pinocchio.
35. Neil Armstrong.
36. Louis Braille (1809-1852).
37. Tistou les pouces verts.
38. Stradivarius (v. 1648-1737).
39. Schéhérazade.
40. Le capitaine Nemo.
41. Coluche (1944-1986).
42. Jean-Auguste Dominique Ingres (1780-1867).
43. Jean Valjean.
44. Peter Pan.
45. Le préfet Eugène Poubelle.
46. Heidi.
47. Gutenberg (v. 1394-1468).
48. Dagobert Ier (600-638).
49. Catherine Deneuve.
50. Jules Ferry (1832-1893).
51. Charles Perrault (1628-1703).
52. Zorro.

53. Moïse (XIIIᵉ siècle av. J.-C.).
54. Olive.
55. François Ravaillac (1578-1610).
56. Le capitaine Achab.
57. Louis de Funès (1914-1983).
58. Sherlock Holmes.
59. Michel Platini.
60. Charlemagne (742-814).
61. Rémi.
62. Louis Blériot (1872-1936).
63. Charles de Gaulle (1890-1970).
64. Lucky Luke.
65. Claude-Joseph Rouget de Lisle (1760-1836).
66. Nils Holgersson.
67. Denis Papin (1647-1714).
68. Louis XVI (1754-1793).
69. Confucius.
70. Berthe au grand pied (726-783).
71. Charles Martel (v. 685-741).
72. Charles Trénet.
73. Mark Spitz.
74. Delphine et Marinette.
75. Thomas Edison (1847-1931).
76. Ali Baba.
77. Jean-François Champollion (1790-1832).
78. Charles Cros (1842-1888).
79. Samuel Gulliver.
80. Davy Crockett (1786-1836).

81. Valéry Giscard d'Estaing.
82. Vespasien (79 ap. J.-C.).
83. Alice.
84. Henri IV (1553-1610).
85. Nabuchodonosor (v. 1137 av. J.-C.).
86. Fernandel (1903-1971).
87. Philéas Fogg.
88. Damoclès (IVe siècle av. J.-C.).
89. Christophe Colomb (v. 1451-1506).
90. Jean Marais.
91. Samuel Morse (1791-1872).
92. Mowgli.
93. Éric Tabarly.
94. Molière (1622-1673).
95. Albert Einstein (1879-1955).
96. Cyrano de Bergerac.
97. Maurice Druon.
98. Nicéphore Niepce (1765-1833).
99. Jim Hawkins.
100. Alexander Graham Bell (1847-1922).
101. Clément Ader (1841-1925).
102. Lénine (1870-1924).
103. Peyo.
104. Sigmund Freud (1856-1939).
105. Yannick Noah.
106. Samuel de Champlain (v. 1567-1635).
107. Jean Racine (1639-1699).
108. Richard Wagner (1813-1883).
109. Jean-Paul Marat (1743-1793).

110. Gilbert Motier, marquis de La Fayette (1757-1834).
111. Spartacus (71 av. J.-C.).
112. Marco Polo (1254-1324).
113. Paul-Émile Victor.
114. Léon Blum (1872-1950).
115. Pythagore (v. 580-500 av. J.-C.).
116. Valentina Terechkova.
117. Galilée (1564-1642).
118. Iouri Gagarine (1934-1968).
119. Dracula.
120. Walt Disney (1901-1966).

RÉPONSES DES DEVINETTES **MOYENNISSIME**

1. Christian Barnard.
2. Benjamin Franklin (1706-1790).
3. Léopold Mozart (1719-1787).
4. Jean Mermoz (1901-1936).
5. Carl Lewis.
6. Auguste Rodin (1840-1917).
7. Igor Stravinski (1882-1971).
8. Jean-Eugène Robert, dit Robert-Houdin (1805-1871).
9. Edmund Halley (1656-1742).
10. Jean Jaurès (1859-1914).

11. Alfred Nobel (1833-1896).
12. Louis Armstrong (1900-1971).
13. Ambroise Paré (v. 1509-1590).
14. Jacques Prévert (1900-1977).
15. Louis (1864-1948) et Auguste (1862-1954) Lumière.
16. Jean Charcot (1867-1936).
17. Bernard Palissy (v. 1510-1589).
18. Saint François d'Assise (v. 1182-1226).
19. Niki Lauda.
20. Jean-Baptiste Lully (1632-1687).
21. Isaac Newton (1642-1727).
22. Mao Tsé-toung (1893-1976).
23. Gandalf.
24. Ludwig van Beethoven (1770-1827).
25. Francisco Franco Bahamonde (1892-1975).
26. Eddy Merckx.
27. Louis IX, « Saint Louis » (1214-1270).
28. Alain Calmat.
29. Napoléon Ier (1769-1821).
30. Jules Hardouin-Mansart (1646-1708).
31. Pat Cash.
32. François Rabelais (v. 1494-1553).
33. Jean-Loup Chrétien.
34. Ulysse.
35. Horatio Nelson (1758-1805).
36. Hercule Poirot.
37. John Wayne (1907-1979).

38. Carlos Gardel (1880-1934).
39. Diogène (413-327 av. J.-C.).
40. Greta Garbo.
41. Abraham Lincoln (1809-1865).
42. Guignol.
43. Georges Méliès (1861-1938).
44. Charles Garnier (1825-1898).
45. Le baron Pierre de Coubertin (1863-1937).
46. Sir Alexander Fleming (1881-1955).
47. Androclès (1er siècle).
48. Konrad Lorenz.
49. Albert Schweitzer (1875-1965).
50. Édouard Jeanneret-Gris, dit Le Corbusier (1887-1965).
51. Adolphe Thiers (1797-1877).
52. Mazarin (1602-1661).
53. Jacques Offenbach (1819-1880).
54. Prosper Mérimée (1803-1870).
55. André Le Nôtre (1613-1700).
56. Eugène Pottier (1816-1887).
57. Gérard Philipe (1922-1959).
58. Baudouin Ier.
59. Salomé.
60. Charles Dodgson, dit Lewis Carroll (1832-1898).
61. Hannibal (v. 247-183 av. J.-C.).
62. Henri Langlois (1914-1977).
63. Robert Koch (1843-1910).

64. Henri Dunant (1828-1910).
65. L'Arlésienne.
66. Juan Carlos Ier.
67. Robert Desnos (1900-1945).
68. Yves Saint-Martin.
69. Maurice Herzog.
70. Benito Mussolini (1883-1945).
71. Viviane.
72. Federico Fellini.
73. François Ier (1494-1547).
74. Hercule.
75. Alfred Hitchcock (1899-1980).
76. Gavroche.
77. Bouddha (v. 556 - v. 480 av. J.-C.).
78. Théodore Géricault (1791-1824).
79. Graham Bell (1847-1922).
80. Jean-Henri Fabre (1823-1915).
81. Jean de La Fontaine (1621-1695).
82. Jacob (1785-1863) et Wilhelm (1786-1859) Grimm.
83. Giuseppe Arcimboldi (v. 1527-1593).
84. Marcel Cerdan (1916-1949).
85. Nostradamus (1503-1566).
86. Hans Christian Andersen (1805-1875).
87. Charles Lindbergh (1902-1974).
88. Gandhi (1869-1948).
89. Lejzer Zamenhof (1859-1917).
90. Alain Colas (1943- disparu en 1978).
91. Georges Pompidou (1911-1974).

92. Eustache de Saint-Pierre (v. 1287-1371).
93. Karel Capek (1890-1938).
94. Antoine Doinel.
95. Auguste Piccard (1884-1962).
96. Victor Baltard (1805-1874).
97. Ariane.
98. Vaslav Nijinski (1890-1950).
99. Marie-Antoinette (1755-1793).
100. Bertrand du Guesclin (v. 1320-1380).
101. Robin des Bois.
102. Gérard Depardieu.
103. Jacques-Yves Cousteau.
104. Édith Piaf (1915-1963).
105. Charles Lecocq (1832-1918).
106. Joseph (1740-1810) et Étienne (1745-1799) de Montgolfier.
107. François-Ferdinand de Habsbourg (1863-1914).
108. Gengis Khân (1155 ou 1162 ou 1167-1227).
109. Jacques Cartier (v. 1491-1557).
110. Paul Cézanne (1839-1906).
111. Joseph-Marie Jacquard (1752-1834).
112. George Sand (1804-1876).
113. Luigi Galvani (1737-1798).
114. Alfred Jarry (1873-1907).
115. Maurice Béjart.
116. René Descartes (1596-1650).
117. Henri Rousseau, dit le Douanier, (1844-

1910).
118. Charles Darwin (1809-1882).
119. Adolf Hitler (1889-1945).
120. Dante Alighieri (1265-1321).

RÉPONSES DES DEVINETTES **DIFFICILISSIME**

1. Fulgence Bienvenüe (1852-1936).
2. Samuel Colt (1814-1862).
3. Ferdinand Cheval (1836-1924).
4. Gargantua.
5. Marc Chagall (1887-1985).
6. Pierre-Jean de Béranger (1780-1857).
7. Maurice Chevalier (1888-1972).
8. John Boyd Dunlop (1840-1921).
9. Jean sans Terre (1167-1216).
10. Marguerite Yourcenar (1903-1987).
11. Louis Antoine de Bougainville (1729-1811).
12. Iannis Xénakis.
13. Faust.
14. Alberto Giacometti (1901-1966).
15. Théophraste Renaudot (1586-1653).
16. René Laennec (1781-1826).
17. Socrate (v. 470-399 av. J.-C.).
18. Janou Lefèbvre.

19. Enrico Caruso (1873-1921).
20. Guillaume Massicot (1797-1870).
21. Joseph Gallieni (1849-1916).
22. Maurice Pialat.
23. Gibus.
24. Richelieu (1585-1642).
25. Sébastien Bottin (1764-1853).
26. Laurent Fignon.
27. John Montagu, comte de Sandwich.
28. Pierre Joseph Redouté (1759-1840).
29. Le chevalier d'Éon (1728-1810).
30. Nicolas Thomas Brémontier (1738-1809).
31. Jean-Paul Ier (1912-1978).
32. Étienne Arago (1802-1892).
33. Fenimore Cooper (1789-1851).
34. Christian Zuber.
35. Marie Brizard (1714-1801).
36. Alain Bombard.
37. Raimu (1883-1946).
38. Florence Nightingale (1820-1910).
39. Till l'Espiègle.
40. Pablo Picasso (1881-1973).
41. Jules Dumont d'Urville (1790-1842).
42. Olympe de Gouges (1748-1793).
43. Honoré Daumier (1808-1879).
44. Louis-Joseph Gay-Lussac (1778-1850).
45. Gaspard Monge (1746-1818).
46. Romy Schneider (1938-1982).
47. Emerson Fittipaldi

48. Louis Delluc (1890-1924).
49. André Malraux (1901-1976).
50. Laurent le Magnifique (1449-1492).
51. Jacques de Vaucanson (1709-1782).
52. Félix Tournachon, dit Nadar (1820-1910).
53. Sir Francis Beaufort (1774-1857).
54. Thalès de Milet (v. 640 - v. 562 av. J.-C.).
55. Anastasie.
56. Nicolas Appert (1749-1841).
57. Evangelista Torricelli (1608-1647).
58. Michèle Jacot.
59. Michel-Ange (1475-1564).
60. Gilles.
61. Hô Chi Minh (1890-1969).
62. Michel Serrault.
63. Jérôme Bosch (1450 ?-1516).
64. Fantômas.
65. Juan Manuel Fangio.
66. Marianne Martin.
67. Claudio Monteverdi (1567-1643).
68. Étienne Geoffroy Saint-Hilaire (1772-1844).
69. Antoine, Louis et Mathieu Le Nain. Antoine Le Nain (1588-1648) - Louis Le Nain (1593-1648) - Mathieu Le Nain (1607-1677).
70. Alain Prieur.
71. Otto von Bismarck (1815-1898).
72. François Truffaut (1932-1984).

73. Laurent Fabius.
74. Edson Arantes do Nascimento, dit Pelé.
75. Joseph Djougatchvili, dit Staline (1879-1953).
76. Joseph-Marie Jacquard (1752-1834).
77. Périclès (v. 495-429 av. J.-C.).
78. Rouletabille.
79. Sébastien Le Prestre, maréchal de Vauban (1633-1707).
80. Charles Linné (1707-1778).
81. Sarah Bernhardt (1844-1923).
82. Winston Churchill (1874-1965).
83. Haroun al-Rachid (766-809).
84. Nicolas Machiavel (1469-1527).
85. Dom Pierre Pérignon (1639-1715).
86. Saint Thomas Becket (1118-1170).
87. Thomas Chippendale (v. 1718-1779).
88. Oscar Levi Strauss.
89. Andreï Roublev (v. 1360-1430).
90. William Booth (1829-1912).
91. Jean-Louis Barrault.
92. Paul Doumer (1857-1932).
93. Erik le Rouge (v. 940 - v. 1010).
94. Alexander Calder (1898-1976).
95. Vigdis Finnbogadottir.
96. Charles Havas.
97. Georges Cuvier (1769-1832).
98. Bernard de Fontenelle (1657-1757).
99. David Livingstone (1813-1873).

100. Charles Frédéric Worth (1825-1895).
101. Alexandra David-Néel (1868-1969).
102. Raoul Dufy (1877-1953).
103. Pierre Jonquères d'Oriola.
104. Maryse Bastié (1898-1952).
105. Claude Monet (1840-1926).
106. Alexis Godillot.
107. Vatel (mort en 1671).
108. James Cook (1728-1779).
109. Thor Heyerdhal.
110. Claude Debussy (1862-1918).
111. Jean-François Pilâtre de Rozier (1756-1785).
112. Toussaint Louverture (1743-1803).
113. Gaby Morlay (1897-1964).
114. Henri Becquerel (1852-1908).
115. Dimitri Mendeleïev (1834-1907).
116. Charles de Batz, comte d'Artagnan (v. 1611-1673).
117. Philippe de Hauteclocque, dit Leclerc (1902-1947).
118. Anna Pavlova (1882-1931).
119. Claude de Vaugelas (1585-1650).
120. Imhotep (2800 av. J.-C.).
121. Gregor Mendel (1822-1884).
122. Aristote (384-322 av. J.-C.).
123. Joséphine Baker (1906-1975).
124. Colette (1873-1954).
125. Alessandro Volta (1745-1827).

junior poche loisirs

MINI-MYSTÈRE,
LE JEU DES 444 QUESTIONS

MOTS CROISÉS-JEUX

400 DEVINETTES
ET DES JEUX POUR S'AMUSER

VRAI OU FAUX ?

ASTUCE,
LE GRAND JEU DES ASTUCIEUX

SUPER CROCO,
400 QUESTIONS SUR LES ANIMAUX

SUPER SCORE,
330 QUESTIONS POCHE

LE TOUR DE FRANCE
EN 300 QUESTIONS

MIAOU, LE LIVRE-JEU DU CHAT

365 DEVINETTES
SUR LES PERSONNAGES CÉLÈBRES

TOUS LES JOURS DE L'ANNÉE
EN 365 DEVINETTES

50 JEUX POUR S'AMUSER EN VOYAGE

LE TOUR DU MONDE
EN 365 QUESTIONS

365 DEVINETTES SUR LE SPORT

50 TOURS ET JEUX DE CARTES

50 TOURS DE MAGIE

365 DEVINETTES
DE TOUTES LES COULEURS

50 JEUX DE PLEIN AIR

300 DEVINETTES SUR L'EUROPE

330 DEVINETTES
ET CHARADES POUR PETITS FUTÉS

300 HISTOIRES POUR RIRE

365 QUESTIONS-RÉPONSES
POUR S'AMUSER

Éditions Lito
41, rue de Verdun 94500 Champigny-sur-Marne
Imprimé en Italie
Loi n° 49-956 du 16-07-1949 sur les publications destinées à la jeunesse
Dépôt légal : mars 1992